リラックマ

ここにいます

コンドウ アキ

この本のよみかた

そばに置いて、好きなときに
好きなページを開きましょう。
もちろんはじめから読んでも大丈夫です。

ページを開くと、リラックマたちがいます。
いつでも、どこでも、
なんどでも、リラックマたちに
会うことができますよ。

イエスとノー以外にも
こたえはあるんです

わかりません

道は歩いてみないと
わからないものですね

別にいいではありませんか

たいていのコトは
大したことじゃ
ありません

ダレ…

おひさまはだいじ
あめのひもだいじ

ちょっと きゅうけい

あー
マタ
キュウケイカ‥

おひさまが出れば　かわきます

ナイテ
ナニカ
イナイ

終わったことです

おなかに
ひっこしました…

わからなくても
なかよくなれます

スキは
それぞれ

風向きは　変わります

みえるものが
すべてではないんですよ

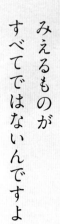

着ぶくれ
してるだけです

寝ていれば　夜明けがきます

がまんしなくてもいいときが
ありますよ

エック
エック
スッキリシタ？

いいものは　いい

できたても
おいしい
さめても
おいしい

「どうでもいい」は時に必要

カミがナオラナイ…
モウダメダ…

寝ちゃいますか

ポニ
ポニ

ヒトそれぞれに　ふつうがあります

ふつう、盛りって
なんですか…

からい　苦い　しょっぱいが
あるから甘いんです

「ごくらくは　すぐそばに」

むは

くもったら　みがきましょう

ミエルヨウニ
ナッタ

へこんだら　ふくらましましょう

心もあたまも　ゆるゆるに

時には
液体のごとく…

向かい風は　逆を向いたら追い風です

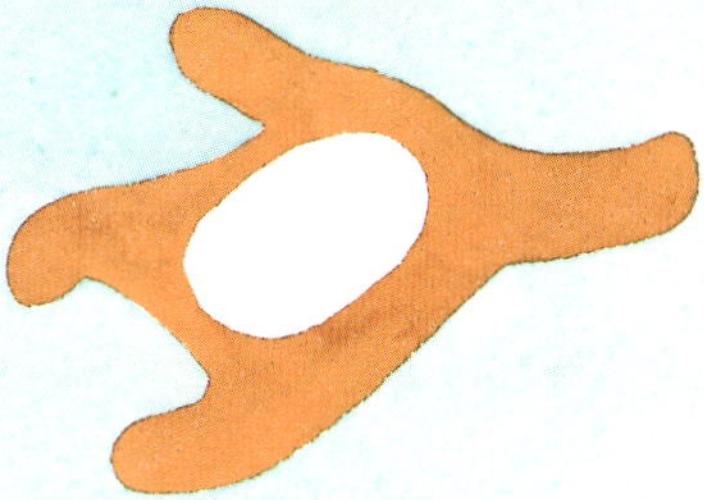

つねに成長中

脳が……
パリ
パリ
パリ

いらないキモチを　てばなしましょう

プンプンも捨てときましょうか？

理由がないことも　ありますね

なんで
かいちゃった
んですか…

ためる楽しさ　つかう楽しさ

タノシサ
2バイ

アンテナの向きは
自分で変えられます

もんくじゃありません　感想です

もうちょっと
大きいといい…

いまはまだ ちょっと遠くに
あるだけです

ウレシイ
コトハ
チョット
サキニ

おなかがへるのは　元気のしょうこ

じ〜〜〜
ぎゅるるるるる
サッキ
タベタ
バッカリ…

まだまだのびます

のびしろは
どこにひそんでるか
分かりませんよ

自分を思い出しましょう

ジブンニモ
オソウジ

いやなことは　うわがきしちゃうんです

時間を食べられたんです

いつのまに…
モウ ユウガタ ダヨ

忘れることも才能です

ゆったりはニッコリをつれてきます

いいかお
してますね‥

スキの数だけ　しあわせがふえますね

二度寝の神様からの贈りものです

ウケトルナツ

えんにまかせておけば　いいんですよ

ごえんが
あるものは
きっとこの手に…
ミセンガ…

止まってみえているだけです

寝返りで
エネルギー
消費

おいおい考えましょう

ノウガ
トマッテル

不安はまだ　頭の中にしかないことです

とりこし苦労かも
しれませんよ

今日はできない日

グ

全部とんでいけばいいのに

アレナニ
腹の肉です…

聞いてくれる人は　きっといますよ

まぶたは突然　重くなるものです

話しても 分からないものはあるものです

ナゼ…ゴミバコニイレナイ…

別のことが近道かも

泣くより
おいしいモノです

ついきゅうした結果です

くらし
やすいです

みえないときは　じっとして

ノーテンキもお天気

重いものじゃなくて
大事なものをもちましょう

だいじな
ものは

ほんの
少しです

明日はきっといい日

リラックマ
ここにいます

絵と文　コンドウ アキ

編集人　殿塚郁夫
発行人　永田智之
発　行　株式会社　主婦と生活社
〒104-8357　東京都中央区京橋 3-5-7
編　集　電話　03-3563-5133
販　売　電話　03-3563-5121
生　産　電話　03-3563-5125
ホームページ　http://www.shufu.co.jp
印刷・製本　図書印刷株式会社

コンドウアキ HP　http://www.akibako.jp/
SAN-X HP　http://www.san-x.co.jp/

装丁　コムギコデザイン

Printed in Japan　ISBN978-4-391-14696-7　C0076

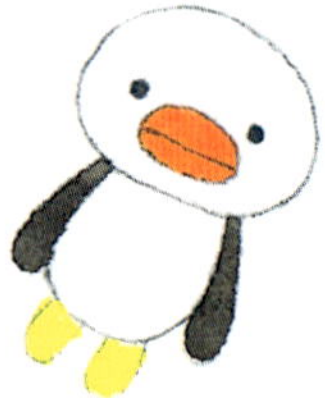

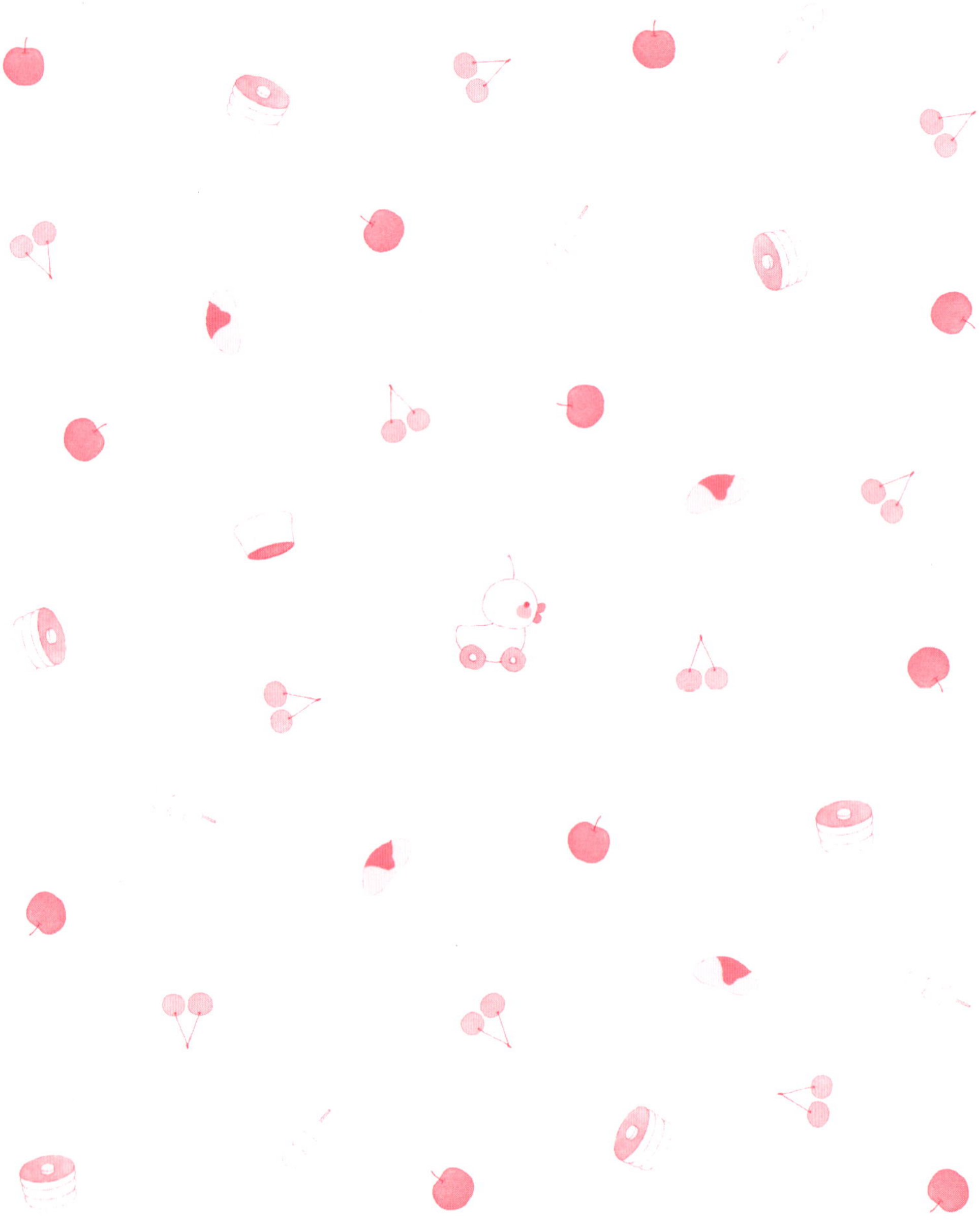